Andrzej Moszczyński jest autorem 23 książek, 34 wykładów oraz 3 kursów. Pasjonuje go zdobywanie wiedzy z obszaru psychologii osobowości i psychologii pozytywnej.

Ponad 700 razy wystąpił jako prelegent podczas seminariów, konferencji czy kongresów mających charakter społeczny i charytatywny.

Regularnie się dokształca i korzysta ze szkoleń takich organizacji edukacyjnych jak: Harvard Business Review, Ernst & Young, Gallup Institute, PwC.

Jego zainteresowania obejmują następujące tematy: potencjał człowieka, poczucie własnej wartości, szczęście, kluczowe cechy osobowości, w tym między innymi odwaga, wytrwałość, wnikliwość, entuzjazm, wiara w siebie, realizm. Obszar jego zainteresowań stanowią również umiejętności wspierające bycie zadowolonym człowiekiem, między innymi: uczenie się, wyznaczanie celów, planowanie, asertywność, podejmowanie decyzji, inicjatywa, priorytety. Zajmuje się też czynnikami wpływającymi na dobre relacje między ludźmi (należą do nich np. miłość, motywacja, pozytywna postawa, wewnętrzny spokój, zaufanie, mądrość).

Od ponad 30 lat jest przedsiębiorcą. W latach dziewięćdziesiątych był przez dziesięć lat prezesem spółki działającej w branży reklamowej i obejmującej zasięgiem cały kraj. Od 2005 r. do 2015 r. był prezesem spółki inwestycyjnej, która komercjalizowała biurowce, hotele, osiedla mieszkaniowe, galerie handlowe.

W latach 2009-2018 był akcjonariuszem strategicznym oraz przewodniczącym rady nadzorczej fabryki urządzeń okrętowych Expom SA. W 2014 r. utworzył w USA spółkę wydawniczą. Od 2019 r. skupia się przede wszystkim na jej rozwoju.

Inaczej o dobrym i mądrym życiu to książka o umiejętności stosowania strategii osiągania wartościowych celów. Autor opisuje 22 aspekty, które prowadzą do bycia mądrym. W jakim znaczeniu mądrym?

Mądry człowiek jest skupiony na działaniu ukierunkowanym na podnoszenie jakości życia, zarówno swojego, jak i innych. O tym jest ta książka: o byciu szczęśliwym, o poznaniu siebie, by zajmować się tym, w czym mamy największy potencjał, o rozwinięciu poczucia własnej wartości, które jest podstawowym czynnikiem utrzymywania dobrych relacji z samym sobą i innymi ludźmi, o byciu odważnym, wytrwałym, wnikliwym, entuzjastycznym, posiadającym optymalną wiarę w siebie, a także o byciu realistą.

Mądrość to umiejętność czynienia tego, co szlachetne. Z takiego podejścia rodzą się następujące czyny: nie osądzamy, jesteśmy tolerancyjni, życzliwi, pokorni, skromni, umiejący przebaczać. Mądry człowiek to osoba asertywna, wyznaczająca sobie pozytywne cele, ustalająca priorytety, planująca swoje działania, podejmująca decyzje i przyjmująca za nie odpowiedzialność. Mądrość to też zaufanie do siebie i innych, bycie zmotywowanym i posiadającym jasne wartości nadrzędne (do których najczęściej należą: miłość, szczęście, dobro, prawda, wolność).

Autor książki opisuje proces budowania mentalności bycia mądrym. Wszechobecna indoktrynacja jest przeszkodą na tej drodze. Jeśli jakaś grupa nie uczy tolerancji, przekazuje fałszywy obraz bycia zadowolonym człowiekiem, to czy można mówić o uczeniu się mądrości? Zdaniem autora potrzebujemy mądrości niemal jak powietrza czy czystej wody. W tej książce będziesz wielokrotnie zachęcany do bycia mądrym, co w rezultacie prowadzi też do bycia szczęśliwym i spełnionym.

Szczegóły dostępne na stronie:
www.andrewmoszczynski.com

Andrzej Moszczyński

Inaczej o motywacji

2021

Korekta oraz skład i łamanie:
Wydawnictwo Online
www.wydawnictwo-online.pl

Projekt okładki:
Mateusz Rossowiecki

Wydanie I

ISBN 978-83-65873-10-1

Wydawca:

ANDREW MOSZCZYNSKI
I N S T I T U T E

Andrew Moszczynski Institute LLC
1521 Concord Pike STE 303
Wilmington, DE 19803, USA
www.andrewmoszczynski.com

Licencja na Polskę:
Andrew Moszczynski Group sp. z o.o.
ul. Grunwaldzka 472
80-309 Gdańsk
www.andrewmoszczynskigroup.com

Ukochanej Żonie
Marioli

SPIS TREŚCI

Wstęp

Jeśli nie jesteś w pełni zadowolony ze swojego życia, nie obwiniaj o to innych ludzi, sytuacji czy nieżyczliwego losu. Spróbuj znaleźć odpowiedź na następujące pytanie: jakie umiejętności powinienem w sobie wypracować lub wzmocnić, by moje życie było takie, jak chcę? Właśnie – to, czy będziesz szczęśliwy i spełniony, zależy przede wszystkim od Ciebie, od Twoich cech i działań. Zatem zmianę swojego życia zacznij od siebie. Jak? Przede wszystkim zacznij od tego, aby tego chcieć i wiedzieć, dlaczego chcesz to zrobić. Czyli po prostu spróbuj znaleźć w sobie motywację.

Naucz się motywować siebie i innych, a będziesz mógł dowolnie kształtować swój los, zaś Twoje życie stanie się lepsze i łatwiejsze.

Zgodnie ze słownikiem motywacja jest stanem gotowości człowieka do podjęcia jakiegoś działania. Działania, w którym wysiłek jest ukierunkowany na cel, skoncentrowany na zagadnieniach prowadzących do jego osiągnięcia. Człowiek zmotywowany ma silne, pozytywne nastawienie, dzięki któremu nie ustaje w wysiłkach aż do osiągnięcia pożądanego skutku. Zatem motywacja to siła, która pcha do przodu, wyzwala chęć działania i entuzjazm. Dzięki motywacji czujemy, że żyjemy i mamy wyraźne cele. Bez motywacji nie bylibyśmy w stanie rozwijać się zawodowo, uczyć się, zdobywać nowych umiejętności.

W kolejnych rozdziałach poruszam kwestie związane z motywowaniem samego siebie, a także możliwościami inspirowania innych.

Rozdział 1

Skąd bierze się motywacja?

Każdego dnia, stając przed trudnymi wyborami, decyzjami i różnymi zadaniami, mierzymy się ze świadomością, że nie zawsze możemy robić to, co chcemy. Aby ustalić, w jakiej dziedzinie chcemy być aktywni i dlaczego, powinniśmy nauczyć się prowadzić wewnętrzny dialog – niech stanie się to naszym codziennym nawykiem. Wtedy możemy być w stu procentach pewni słuszności tego, co robimy. Nie będziemy czuli się wykorzystywani i manipulowani przez innych.

Człowiek odpowiednio umotywowany będzie inspirująco wpływać na otoczenie. Jednak, aby odkryć motywy kierujące zachowaniem innych osób, powinniśmy się dowiedzieć, co skłania do działania nas samych. Taki wewnętrzny powód będę nazywał dalej motywatorem. Jest to wewnętrzny napęd, impuls skłaniający do działania lub postępowania w określony sposób.

Możesz pomyśleć, że dla wielu ludzi motywatorem jest chęć zdobycia nagrody, na przykład w postaci awansu, albo strach przed karą, na przykład brakiem premii. Są to jednak czynniki zewnętrzne, które mają ograniczony i krótkotrwały wpływ na nasze działanie. Znacznie silniej i dłużej oddziałują na ludzi motywatory wewnętrzne, ponieważ w praktyce odnoszą się do nadrzędnych wartości i życiowych celów.

Kluczowym czynnikiem kształtowania się motywatora jest posiadanie wizji samego siebie i swojej przyszłości. Przyjrzyjmy się ludziom, którzy konsekwentnie dążą do celu i mimo wielu przeciwności nigdy nie ustają w staraniach. Czyż nie są to osoby posiadające wizję i jasno wytyczone cele, do osiągania których nie brakuje im silnej wewnętrznej motywacji?

Spójrzmy na ludzi, którzy wiodą bezsensowną i jałową egzystencję, od jednego szarego dnia do kolejnego. Jeśli kogoś takiego zapytamy, jaki ma cel w życiu, kim chce być, jak widzi swoją przyszłość, czy usłyszymy konkretne informacje? Osoby tego typu zazwyczaj nie mają żadnej motywacji wewnętrznej, poddają się jedynie krótkotrwale i chaotycznie działającym zewnętrznym wpływom.

Człowiekiem, który miał jasną wizję i konsekwentnie ją urzeczywistniał, był premier Wielkiej Brytanii Winston Churchill. Jego działania odcisnęły piętno na światowej historii. Ten człowiek nigdy nie tracił woli walki, wiary w siebie czy w słuszność swych racji. Pociągnął za sobą cały naród brytyjski, który dzięki niemu tak odważnie potrafił odeprzeć niemiecki atak w czasie II wojny światowej. Churchill był zdeterminowany, by prowadzić walkę do samego końca i czynić to wszelkimi dostępnymi środkami. Aby móc bez przeszkód realizować tę strategię, wykluczył z rządu wszystkich zwolenników pokoju z Niemcami. Najbardziej wpływowego z nich lorda Halifaxa wysłał jako ambasadora do Waszyngtonu.

W przededniu bitwy o Anglię w swoim przemówieniu Churchill tak zagrzewał naród do walki: „Obronimy naszą Wyspę bez względu na cenę, będziemy walczyć na plażach, będziemy walczyć na lądowiskach, będziemy walczyć na polach i na ulicach, będziemy walczyć na wzgórzach, nigdy się nie poddamy".

Ta niezłomna postawa sprawiła, że jego słowa i dokonania przeszły do historii. Do dziś stanowią doskonały przykład tego, jak silna motywacja jednego człowieka może porywać i podbudowywać masy ludzkie. Każdemu życzę takiej charyzmy niezbędnej do inspirowania innych.

Pomyślisz, że nie każdy jest taki jak Churchill. Oczywiście, większość z nas może poczuć się przytłoczona jego osobowością i dokonaniami, ale wciąż możemy się od niego wiele nauczyć. Ten człowiek, pomimo wielu porażek, jakich doznał, wręcz emanował siłą i entuzjazmem. Pewność siebie i poczucie własnej wartości czerpał z innej, pozazawodowej działalności. Otóż jeszcze przed rozpoczęciem kariery politycznej Churchill był uznanym pisarzem. Dzięki sukcesom na tym polu ładował swoje akumulatory, generował wewnętrzną energię, która zmieniała się między innymi w motywację pozwalającą mu stawić czoła wielkim wyzwaniom w innych dziedzinach. Jest to wskazówka, że każdy z nas powinien odkrywać swoje mocne strony, a szczególnie umiejętności przynoszące radość i satysfakcję. Dzięki takim sukcesom dowartościowujemy się i łatwiej jest nam osiągać nowe cele.

Rozdział 2

Wzbudzanie motywacji w sobie

Zaprezentuję kilka konkretnych sposobów wzbudzania czy wzmacniania wewnętrznej motywacji. Najważniejszym jest odkrycie jej źródła. Jest to klucz do wytrwałości i samodyscypliny. Zadajmy sobie więc pytanie o nadrzędne wartości i życiowe priorytety. Zastanówmy się także, dlaczego właśnie te rzeczy są dla nas ważne. To ułatwi rozpoczęcie pracy nad sobą.

Wierzę w moc pytania „dlaczego". Powinniśmy odpowiadać na nie za każdym razem, gdy stajemy przed nowym zadaniem. Odpowiedź na nie pozwala narodzić się wewnętrznej motywacji, a wraz z nią determinacji, wytrwałości, konsekwencji i samodyscyplinie, które pomagają osiągać cele. W ten sposób ważne staje się już samo działanie, a decyzja o jego rozpoczęciu stanowi największą nagrodę za wytrwałość, zaś zewnętrzne korzyści odgrywają tu mniejszą rolę. Choć z praktycznego punktu widzenia najistotniejszym wydawać się może pytanie „jak", to pytanie „dlaczego" zawsze powinno być na pierwszym miejscu.

Najpierw możemy znaleźć dobry motywator do podjęcia działania, a dopiero potem zastanowić się, jak osiągnąć cel, chociaż często odbywa się to jednocześnie – gdy zdamy sobie sprawę, dlaczego chcemy się w coś zaangażować, często pojawiają się pomysły, jak tego dokonać. Sam tego doświadczam i jestem zaskoczony, gdy całkiem niespodziewanie przychodzą mi do głowy świetne pomysły i odpowiedzi na najtrudniejsze pytania. Zawdzięczam to motywacji zrodzonej dzięki dokładnemu określeniu, dlaczego chcę coś osiągnąć.

Innym wspaniałym narzędziem wspomagającym motywację jest wizualizacja celu. Wykorzystujmy wyobraźnię, aby ujrzeć efekt ostateczny – to, co chcemy osiągnąć. W ten sposób można przekształcić abstrakcyjny cel w żywy, realny obraz, który będzie bardzo silnie oddziaływał na naszą motywację. Gdy właściwie dopracowana wizualizacja mierzy się z logiką, zwykle potrafi przełamać zdroworozsądkowe ograniczenia, którymi jesteśmy spętani. Dzieje się tak, ponieważ często tak zwana logika ma niewiele wspólnego z rzeczywistością, lecz jest zwykłym pesymizmem. Natomiast wyobraźnia i jej wytwory, jeśli poświęcimy czas na ich odpowiednie ukształtowanie, potrafią przezwyciężyć ograniczające nas sposoby myślenia i wyzwolić cały nasz potencjał. Przestajemy myśleć, że brak nam kompetencji albo że coś jest niemożliwe. Dzięki wizualizacji i codziennej pielęgnacji tej wizji motywacja stanie się tak mocna, że nic będzie mogło nas powstrzymać przed osiągnięciem celu.

Przykład? Przeanalizowałam około siedemdziesięciu biografii ludzi, których można nazwać spełnionymi. Większość z nich łączyło jedno – mieli żywą i jasną wizję celu. Oczami wyobraźni widzieli go we wszelkich, najdrobniejszych nawet detalach: kolorach, kształtach, zapachach, rozmiarach. Widzieli także siebie w wymarzonej sytuacji. To właśnie wyróżnia ludzi osiągających cele. Dlatego powinniśmy zgłębiać techniki budowania i pielęgnowania wizji naszego celu. Wówczas wewnętrzna motywacja stanie się niezwykle silna i pomoże nam szybko zrealizować to, czego pragniemy.

Skuteczność tej metody sprawdziłem na sobie, kiedy postanowiłem zostać pisarzem. Wizję tego przedsięwzięcia stworzyłem ponad dwadzieścia lat temu. Gromadziłem materiały, robiłem notatki, planowałem najpierw w wymiarze ogólnym, by następnie przechodzić do coraz drobniejszych szczegółów. Dzięki temu, gdy pojawiły się sprzyjające okoliczności, moja wizja bez większych przeszkód została zrealizowana. Można powiedzieć, że trzymałem niemal gotową koncepcję różnych książek w szufladzie i gdy nadszedł właściwy czas, po prostu je napisałem. Oczywiście poświęciłem temu czas, ale te lata przyniosły mi nieocenioną, niejako dodatkową, choć najistotniejszą korzyść – skupiłem się na doskonaleniu swojej osobowości i zbierałem tak bardzo potrzebne doświadczenia, które między innymi opisuję w moich książkach.

Odnalezienie własnego motywatora pomaga świadomie decydować o przyszłości. Rozważając podjęcie jakiegoś działania, przeanalizuj korzyści, jakie odniesiesz, gdy się na to zdecydujesz; pomyśl także, co stracisz, gdy tego zaniechasz.

Jeśli na przykład chcesz przestać palić papierosy, wyobraź sobie, że gdy tego dokonasz, zyskasz zdrowie, sprawność fizyczną, bardziej satysfakcjonujące życie seksualne, będziesz ładniej pachniał, Twoje dzieci nie będą unikały kontaktu z Tobą, oszczędzisz pieniądze. Poza tym, jeśli Ci się uda, będziesz z siebie naprawdę dumny.

Gdybyś jednak postanowił nie rzucać palenia, wyobraź sobie wszystkie możliwe choroby, na które się możesz narazić, stopniową utratę zdrowia, sprawności fizycznej, sił witalnych, kontaktu z dziećmi i innymi osobami niepalącymi, które po prostu nie chcą przebywać w towarzystwie palacza. Na koniec pomyśl, ile pieniędzy wydajesz na papierosy; wysokość kwoty, jaką

21

przeznaczasz na nie w ciągu miesiąca czy roku najpewniej nieprzyjemnie Cię zaskoczy. Jeśli palisz paczkę dziennie, to rezygnując z tego szkodliwego nałogu, miesięcznie oszczędzisz około 350 zł, w ciągu roku daje to ponad 4200 zł. Tyle wystarczy, by we dwoje pojechać na tygodniową zagraniczną wycieczkę, o czym przekonał się mój znajomy, który oszczędzając przez rok pieniądze dotąd przeznaczane na papierosy, spędził zimowy urlop w Egipcie.

Kolejna ważna sprawa to moment rozpoczęcia wprowadzania w życie nowego postanowienia. Nie czekaj, aż ochota do działania sama się pojawi, bo może się to nigdy nie wydarzyć; pomyśl raczej, że każda chwila jest dobra i zacznij od razu, bo z każdym kolejnym dniem stajesz się starszy i mniej skory do zmian.

Nie szukaj wymówek ani przeszkód – to oszukiwanie samego siebie i pretekst do rezygnacji. Podejmij decyzję i działaj. Pamiętaj, że czas jest ważnym dobrem, bardzo cennym kapitałem, którego nie wolno marnować, a każda stracona chwila znika bezpowrotnie.

Odwlekanie ważnych przedsięwzięć jest poważnym błędem. Sam się o tym boleśnie przekonałem. Jeśli naprawdę Ci na czymś zależy, zacznij realizować to już dziś, a jeśli dojdziesz do wniosku, że nie jest to dla Ciebie ważne, to zrezygnuj, nie trać czasu i energii. Jeśli Twoje zadanie jest bardzo złożone, sporządź pisemnie harmonogram realizacji i konsekwentnie się go trzymaj.

Czasem wizja wielkiego wyzwania może przytłaczać, a przez to demobilizować. Podziel pracę na mniejsze kroki, które będą Cię stopniowo zbliżały do celu. Rozłożenie działań na prostsze czynności pozwoli Ci uwierzyć w realność końcowego efektu. Rób podsumowania swoich starań – raz w tygodniu, miesiącu i roku. Staraj się też delegować część obowiązków, by jak najlepiej wykorzystać potencjał innych ludzi: współpracowników czy członków rodziny.

Dobrym motywatorem bywa też publiczna deklaracja zamiarów. Niedotrzymywanie słowa danego innym, nawet jeśli nie traktują tego zbyt poważnie, powoduje nieprzyjemne uczucie dysonansu. Ogłoszenie zamiarów staje się dodatkowym bodźcem.

Aby wzmocnić motywację na początku lub już w czasie realizacji zadania, można zaplanować dla siebie miłą nagrodę za osiągnięcie celu. Przyjemne odczucie oczekiwania pomoże Ci wytrwać, może też sprawić, że zaczniesz bardziej pozytywnie postrzegać nielubianą dotąd pracę.

Innym sposobem wspomagania motywacji jest **poszerzenie wiedzy na temat przedmiotu działania**. Czasem nie czujemy zapału, ponieważ brak nam rzetelnych informacji na dany temat i przez to zadanie wydaje się trudniejsze, niż jest w rzeczywistości. Dlatego też, gdy stajemy wobec wyzwania w dziedzinie, o której niewiele wiemy, pierwszym naszym krokiem powinna być lektura odpowiednich książek, artykułów, wyszukanie informacji w Internecie lub skorzystanie z porad eksperta. Wraz ze wzrostem wiedzy zwiększa się wiara w możliwość powodzenia, a tym samym rośnie wewnętrzna motywacja.

Sam przekonałem się o ogromnej roli zdobywania wiedzy, gdy planowałem w latach 90. rozpoczęcie działalności na raczkującym wówczas w Polsce rynku reklamy na pojazdach. Dopiero zagraniczne wyjazdy i spotkania z potentatami na tym polu w innych krajach pozwoliły mi w pełni uwierzyć w realność moich celów i stworzyć skuteczną strategię działania. Gdybym nie próbował zdobyć więcej informacji, prawdopodobnie nigdy nie podjąłbym się realizacji tego przedsięwzięcia i nie odniósłbym sukcesu.

Motywacja pojawia się w nas tylko wtedy, gdy staramy się myśleć pozytywnie. Powinniśmy dopuszczać do siebie dobre, miłe i inspirujące informacje. Nie pozwalajmy, aby do naszego umysłu różnymi kanałami wtłaczano toksyczne i demotywujące treści, które wprowadzają nas w stan odrętwienia, zniechęcenia, pesymizmu i odbierają wiarę w siebie.

Jeśli chcemy czerpać ze świata tylko to, co dobre, powinniśmy otaczać się odpowiednimi ludźmi – pozytywnie nastawionymi do życia, pełnymi wiary i optymizmu. Takie osoby wyda-

ją Ci się infantylne i naiwne? Porzuć takie na-
stawienie. Towarzystwo ludzi, którzy odbierają
życie jako ekscytującą i przyjemną przygodę,
może wywrzeć na Ciebie prawdziwie pozytyw-
ny wpływ. Optymizm jest zaraźliwy. Sprawdza
się tu stare powiedzenie, że kto z kim przestaje,
takim się staje.

Zauważ, że optymiści nawet wyrażają się ina-
czej niż pesymiści. Mówią na przykład: „Stoję
przed ciekawym wyzwaniem", zamiast: „Mam
problem". Unikają negatywnych stwierdzeń,
które działają jak samospełniające się proroc-
twa. Zamiast pogrążać się w bezradności i bier-
nie czekać, biorą sprawy w swoje ręce i szukają
rozwiązań opartych na własnych doświadcze-
niach lub uruchamiają kreatywność, by odkryć
nowe, nieznane jeszcze metody działania. Dzię-
ki pozytywnemu nastawieniu mają niewyczer-
pane pokłady motywacji, która staje się główną
siłą napędową ich życia. Warto zarazić się takim
nastawieniem, dlatego jeszcze dziś zrób listę ta-
kich osób i postaraj się spędzać z nimi jak naj-
więcej czasu.

Kolejnym źródłem inspiracji jest czytanie książek o różnej tematyce i biografii ludzi, którzy mogą być wzorem do naśladowania. Czytaj regularnie, poświęcaj na to minimum godzinę dziennie, a na każdy rozdział znajdź tyle czasu, ile potrzebujesz, aby jego treść dotarła nie tylko do Twojego umysłu, lecz by poruszyła także Twoje serce. Dzięki uważnej lekturze, dogłębnemu zrozumieniu i odczuciu jej sensu zaczniesz uwalniać się od złogów negatywnego myślenia, które zalegają prawie w każdym z nas w postaci obaw, lęków, wątpliwości czy usprawiedliwień.

Nie masz na to czasu? Nie lubisz czytać? Kup książkę w postaci audiobooka i słuchaj jej w samochodzie albo w domu, relaksując się czy wykonując proste prace. Można również oglądać inspirujące programy telewizyjne – obecnie istnieje wiele stacji, które nadają wartościowe programy dokumentalne.

Powinniśmy starać się unikać szkodliwych, negatywnych i toksycznych treści. Właśnie te czynniki są odpowiedzialne za hamowanie naszego rozwoju i brak motywacji do zmian. Często nawet nie jesteśmy świadomi tych wpływów, odczytujemy je jako głos rozsądku, konfrontację z rzeczywistością czy twardymi faktami. Ich źródłem mogą być media żerujące najczęściej na ludzkim nieszczęściu i naiwności, a także wiecznie narzekający i niezadowoleni ludzie z naszego otoczenia. Zastanów się, czy cokolwiek zyskujesz, przebywając w towarzystwie osoby, która faszeruje Cię pełnymi zawiści plotkami.

Oczywiście efekty podjętych działań nie będą natychmiastowe, ale jeśli usuniemy wszystkie chwasty ze swojego umysłu i otoczenia i zasadzimy ziarna nowych, pozytywnych wzorców myślenia, to już po kilku miesiącach poczujemy siłę powracającej motywacji.

☼

Rozdział 3

Motywujący wpływ na innych

Zastanówmy się, jak możemy wpływać inspirująco na osoby z naszego otoczenia. Jak wspominałem, aby motywować innych, sami musimy być dobrze zmotywowani. Jeśli my nie będziemy przekonani, nie uda się nam przekonać innych. A zatem pierwszym krokiem jest znalezienie odpowiedniego motywatora dla siebie, a następnie użycie takiej strategii przekonywania, która trafi do innych.

A. Zasady dotyczące motywowania innych

Istnieje kilka zasad pomagających motywować innych ludzi. Przede wszystkim przekaz musi być jasny, klarowny i zrozumiały dla wszystkich. Większość ludzi przyznaje, że najwięcej kontrowersji powstaje nie z powodu różnicy zdań, ale właśnie z braku zrozumienia. Zatem zanim spróbujesz przekonać kogoś do działania, upewnij się, że Twoja prośba jest jasna i konkretna, a potem postaraj się przekazać ją w możliwie najprostszy sposób. Zawsze bądź gotowy do odpowiedzi nawet na najbardziej niedorzeczne pytania.

Częstym błędem jest podawanie zbyt wielu informacji naraz, co może przytłaczać i wręcz uniemożliwić zrozumienie. Dlatego powinno się początkowo mówić tylko tych sprawach, które są niezbędne do rozbudzenia chęci do działania, a resztę przekazywać stopniowo w miarę postępu prac nad zadaniem. Aby przekonać innych, trzeba samemu być oddanym sprawie, czyli posiadać absolutną pewność i wiarę w sens tego, co się robi. Wiara i zaangażowanie są bardziej przekonujące niż siła najbardziej nawet wyszukanych argumentów logicznych.

Dobry wpływ na motywację ma udzielanie pochwał i okazywanie uznania. Te czynniki działają mobilizująco i skłaniają do jeszcze pilniejszej pracy. Ważne jest, by zawsze były to pochwały prawdziwe i szczere. Jeszcze większą moc ma uznanie wyrażone publicznie. Podbudowuje ono nie tylko chwalonego, ale również świadków jego sukcesu, którzy zyskują dowód na to, że warto się starać. Trzeba jednak pamiętać, że publiczne pochwały u niektórych osób mogą wywoływać zakłopotanie. Dlatego kluczowe znaczenie ma wiedza o tym, komu, w jakim stopniu i w jakich okolicznościach możesz wyrazić uznanie.

Ważnym czynnikiem jest odwołanie się do naturalnego ducha rywalizacji, który kryje się w różnym stopniu w każdym z nas. Rozbudzenie w ludziach dążenia do przyjaznego współzawodnictwa zwiększa ich zaangażowanie i motywację.

Warto także **nawiązywać i pielęgnować bliskie relacje z otoczeniem**. Dzięki nim łatwiej jest się porozumieć się z innymi i przekonać ich do swoich zamierzeń.

Jeśli okażesz ludziom, że wierzysz w ich możliwości, zadziała to jak samospełniające się proroctwo i ułatwi osiągnięcie celu. Jednak wiedza o człowieku musi być oparta na faktach; stwierdzenie, że wierzysz w jego możliwości, nie może być pustym sloganem.

Pamiętajmy także o tym, że **każdy z nas lubi podziwiać wyniki swojej pracy**. Dlatego też powinniśmy wtajemniczyć współpracowników czy członków rodziny w efekt działania, w które się zaangażowali, pokazać im „produkt finalny". Wtedy widzą oni sens swojego wysiłku i chętniej włączają się w kolejne przedsięwzięcia.

B. Czynniki motywujące

Przyjrzyjmy się **czynnikom, które mogą wpływać na ludzi motywująco.** Jednym z najważniejszych jest dawanie im dobrego przykładu przez **lidera**. Słowne deklaracje nie wystarczą – chcąc inspirować ludzi, musimy pokazywać im, jak powinni postępować.

Sprawą podstawową jest wykształcenie w innych przeświadczenia o szczerości i szlachetności naszych intencji. Można to osiągnąć poprzez otwarte mówienie o swoich motywacjach, planach, celach i doświadczeniach. Taka postawa sprawia, że ludzie zaczynają nam ufać i chcą otwarcie rozmawiać.

Innym motywatorem może być **korzyść, jaką spodziewamy się osiągnąć dzięki** zaangażowaniu się w przedsięwzięcie. Korzyści te mogą być rozmaitej natury: duchowej, finansowej, emocjonalnej, intelektualnej, fizycznej i tym podobnych. Trzeba tylko odkryć, jaka korzyść najlepiej zaspokoi potrzebny osoby, którą chcesz zmotywować.

Również **odwoływanie się do emocji** stanowi dobry motywator. Jednak jest to bardzo delikatny obszar. Emocje są co prawda intensywne i mają ogromną moc oddziaływania, ale jednocześnie często wymykają się spod kontroli i są bardzo nietrwałe. Poza tym bazując na nich, łatwo ulec pokusie i dopuścić się manipulacji. Dlatego też skuteczniejsze wydaje się **odwoływanie się do potrzeb,** które każdy z nas ma. Jest to jeden z podstawowych czynników motywacyjnych.

Warto tu wspomnieć o **piramidzie potrzeb** opracowanej przez amerykańskiego psychologa **Abrahama Maslowa**. Jest to model hierarchii potrzeb złożony z pięciu poziomów. Zdaniem Maslowa człowiek zaspokaja swoje potrzeby po kolei, zaczynając od tych niższego rzędu – najpierw fizjologiczne, następnie bezpieczeństwa osobistego i rodziny, przynależności i miłości, szacunku, uznania społecznego i samorealizacji. Na tę ostatnią składają się kolejno: potrzeba wiedzy i rozumienia świata oraz potrzeby estetyczne i religijne. Chęć samorealizacji zakłada więc konieczność transcendencji, czyli wykraczania w rozwoju poza własne ograniczenia. W wymiarze praktycznym oznacza to, że powinno się motywować innych, uwzględniając poziom w hierarchii potrzeb, na którym się obecnie znajdują.

W środowisku pracy przez potrzeby fizjologiczne można rozumieć wynagrodzenie. Potrzeby bezpieczeństwa związane są z programami emerytalnymi, pewnością zatrudnienia, opieką zdrowotną. Potrzeby przynależności łączą się z uczestniczeniem w życiu organizacji, kontaktami ze współpracownikami, z poczuciem bycia członkiem zespołu. Potrzebę szacunku można zaspokajać poprzez awans, powierzanie odpowiedzialnych zadań, okazywanie uznania. Potrzeba samorealizacji, znajdująca się na szczycie hierarchii, związana jest z pełnym zaangażowaniem pracownika w wykonywanie obowiązków, jego rozwojem zawodowym i osobistym.

Potrzeby podstawowe możemy także podzielić na: fizyczne (na przykład: czyste powietrze, woda, jedzenie, ubranie), mentalne (na przykład: bycie kochanym, potrzebnym, uczenie się) i społeczne (na przykład: pokój, towarzystwo, praca).

Trzeba także pamiętać, że potrzeby stanowią źródło naszych wartości. Jeżeli nie mamy ani jednej pary butów na zimę, to kupno ich jest potrzebą pierwszorzędną, ale jeśli kupujemy już piątą parę w tym samym sezonie, bo zmieniła się moda, jest to kaprys.

Odwołanie się do potrzeb jest zazwyczaj skuteczne, ponieważ jest to mechanizm uniwersalny, wpisany w naturę człowieka – wszyscy mamy potrzeby i staramy się je zaspokoić.

Jeszcze innym sposobem na wzbudzenie w kimś chęci zaangażowania jest **okazanie szacunku i uznania dla jego wiedzy czy wyjątkowych umiejętności.** Każdy z nas uwielbia być specjalistą w jakiejś dziedzinie i jeśli damy mu odczuć, że uznajemy jego kompetencje, chętnie nam pomoże.

Warto także wspomnieć o możliwości **apelowania do lojalności i przekonań.** Każdy z nas skłonny jest do obrony i działania na rzecz osób lub organizacji, wobec których jest lojalny. Tak samo jest z ważnymi wartościami, jakie wyznajemy (można nazwać je przekonaniami) – są one silne i trwałe, więc jesteśmy skłonni działać w oparciu o nie przez długi czas, nie tracąc zapału i wiary w możliwość osiągnięcia celu.

☼

Rozdział 4

Nauczyciel motywacji

W kontekście motywacji ciekawą postacią jest Dale Carnegie, autor niezwykle popularnej książki *Jak zdobyć przyjaciół i zjednać sobie ludzi*. Ten skromny syn ubogiego farmera i absolwent Kolegium Nauczycielskiego w Warrensburgu, który młodość spędził, pracując na wsi, znany jest milionom ludzi na całym świecie.

Wszystko dzięki jego pasji, którą było inspirowanie i pomaganie innym. Dawało mu to satysfakcję i spełnienie. Carnegie po ukończeniu szkół prowadził kursy korespondencyjne, organizował także szkolenia zawodowe dla ludzi biznesu. Początkowo zarabiał około 30 dolarów tygodniowo, jednak po napisaniu wspomnianej książki stawał się coraz bardziej sławny i zamożny. Bestseller ten przetłumaczono na 37 języków. Do dziś publikacja ta jest źródłem inspiracji i motywacji dla wszystkich czytelników bez względu na ich wiek, pochodzenie społeczne, wykształcenie czy zawód. Moja siostra tak podsumowała swoje wrażenia z lektury książki Carnegiego:

„Dzięki niej zauważyłam, jak wiele błędów popełniałam w relacjach międzyludzkich w pracy, w rodzinie i wychowaniu dzieci. Odkryłam, że zbyt mało chwaliłam dzieci, byłam wobec nich zbyt krytyczna. Zaczęłam także wczuwać się w położenie męża, co pozwoliło nam uniknąć wielu kłótni. Przestałam walczyć o swoje racje za wszelką cenę, zaczęłam częściej ustępować. Rady zawarte w tej pozycji pomogły mi też w pracy, która polega w dużej mierze na kontaktach z ludźmi. Zaczęłam okazywać im więcej zainteresowania i już od początku zauważyłam pozytywny efekt. Klientki chwalą mnie za miłą obsługę, zapowiadają chęć powrotu do naszej firmy i dotrzymują słowa. Jestem z tego powodu bardzo dumna. Staram się także słuchać innych ludzi; przychodzi mi to z pewnym trudem, ponieważ z natury jestem osobą gadatliwą i wolę mówić niż słuchać. Na pewno przeczytam książkę Carnegiego jeszcze raz i postaram się wypróbować więcej zawartych w niej rad, bo widzę, że dzięki nim moje życie w każdej sferze zdecydowanie zmienia się na lepsze".

Może się wydawać, że pojęcie motywacji i inne z nim związane dotyczą głównie świata biznesu. W rzeczywistości jednak rozważania na ten temat mają odniesienie do codziennego życia. Każdy z nas staje przed nowymi zadaniami, do których wykonania musi motywować siebie, współpracowników czy rodzinę. Dlatego też uważam, że zgłębienie teorii w tym zakresie oraz nabycie pewnych praktycznych umiejętności jest obowiązkiem każdego człowieka, który bierze odpowiedzialność za swoje życie i świadomie chce dążyć do szczęścia i spełnienia.

Pamiętaj, że wszyscy ludzie, którzy chcą podjąć wyzwanie i trud świadomego kształtowania swojego życia, powinni mieć wewnętrzną, osobistą motywację i umieć wzbudzać ją w sobie i innych.

Motywacja zewnętrzna w postaci spodziewanych nagród lub grożących kar działa w sposób krótkotrwały i jest na dłuższą metę mało skuteczna. Dzięki wewnętrznemu przekonaniu będziesz wytrwały, konsekwentny, pełen wiary, optymizmu i mimo rozlicznych przeciwności nie poddasz się. Dlatego tak ważna jest codzienna praca. Dzięki niej nie tylko my będziemy odnosili sukcesy, ale też przyczynimy się do osiągania ich przez innych.

Co możesz zapamiętać?

1. Motywacja to klucz do osiągania celów, do realizowania trudnych i czasochłonnych zadań.
2. Znacznie silniej i dłużej oddziałują na ludzi motywatory wewnętrzne, które odnoszą się do ich wartości i życiowych celów.
3. Odkryj, co Cię motywuje, zadawaj sobie pytanie „dlaczego".
4. Wizualizuj swoje cele.
5. Przeanalizuj korzyści, jakie odniesiesz z osiągnięcia celu.
6. Nie zwlekaj z wprowadzeniem w życie nowych postanowień.
7. Ogłoś publicznie, co zamierzasz osiągnąć.
8. Wyznacz sobie nagrodę za realizację zadania.
9. Poszerzaj swoją wiedzę na temat przedmiotu Twojego zadania.

10. Aby motywować innych, stosuj zasady przedstawione w tym rozdziale.
11. Dawaj innym pozytywny przykład swoim zaangażowaniem w sprawę.
12. Odwołuj się do korzyści, emocji, potrzeb i innych wspomnianych czynników motywacyjnych.

Bibliografia

Albright M., Carr C., *Największe błędy menedżerów*, Warszawa 1997.

Allen B.D., Allen W.D., *Formuła 2+2. Skuteczny coaching*, Warszawa 2006.

Anderson Ch., *Za darmo: przyszłość najbardziej radykalnej z cen*, Kraków 2011.

Anthony R., *Pełna wiara w siebie*, Warszawa 2005.

Ariely D., *Zalety irracjonalności. Korzyści z postępowania wbrew logice w domu i pracy*, Wrocław 2010.

Bates W.H., *Naturalne leczenie wzroku bez okularów*, Katowice 2011.

Bettger F., *Jak umiejętnie sprzedawać i zwielokrotnić dochody*, Warszawa 1995.

Blanchard K., Johnson S., *Jednominutowy menedżer*, Konstancin-Jeziorna 1995.

Blanchard K., O'Connor M., *Zarządzanie poprzez wartości*, Warszawa 1998.

Bogacka A.W., *Zdrowie na talerzu*, Białystok 2008.

Bollier D., *Mierzyć wyżej. Historie 25 firm, które osiągnęły sukces, łącząc skuteczne zarządzanie z realizacją *misji społecznych*, Warszawa 1999.

Bond W.J., *199 sytuacji, w których tracimy czas, i jak ich uniknąć*, Gdańsk 1995.

Bono E. de, *Dziecko w szkole kreatywnego myślenia*, Gliwice 2010.

Bono E. de, *Sześć kapeluszy myślowych*, Gliwice 2007.

Bono E. de, *Sześć ram myślowych*, Gliwice 2009.

Bono E. de, *Wodna logika. Wypłyń na szerokie wody kreatywności*, Gliwice 2011.

Bossidy L., Charan R., *Realizacja. Zasady wprowadzania planów w życie*, Warszawa 2003.

Branden N., *Sześć filarów poczucia własnej wartości*, Łódź 2010.

Branson R., *Zaryzykuj – zrób to! Lekcje życia*, Warszawa-Wesoła 2012.

Brothers J., Eagan E, *Pamięć doskonała w 10 dni*, Warszawa 2000.

Buckingham M., *To jedno, co powinieneś wiedzieć... o świetnym zarządzaniu, wybitnym przywództwie i trwałym sukcesie osobistym*, Warszawa 2006.

Buckingham M., *Wykorzystaj swoje silne strony. Użyj dźwigni swojego talentu*, Waszawa 2010

Buckingham M., Clifton D.O., *Teraz odkryj swoje silne strony*, Warszawa 2003.

Butler E., Pirie M., *Jak podwyższyć swój iloraz inteligencji?*, Gdańsk 1995.

Buzan T., *Mapy myśli*, Łódź 2008.

Buzan T., *Pamięć na zawołanie*, Łódź 1999.

Buzan T., *Podręcznik szybkiego czytania*, Łódź 2003.

Buzan T., *Potęga umysłu. Jak zyskać sprawność fizyczną i umysłową: związek umysłu i ciała*, Warszawa 2003.

Buzan T., Dottino T., Israel R., *Zwykli ludzie – liderzy. Jak maksymalnie wykorzystać kreatywność pracowników*, Warszawa 2008.

Carnegie D., *I ty możesz być liderem*, Warszawa 1995.

Carnegie D., *Jak przestać się martwić i zacząć żyć*, Warszawa 2011.

Carnegie D., *Jak zdobyć przyjaciół i zjednać sobie ludzi*, Warszawa 2011.

Carnegie D., *Po szczeblach słowa. Jak stać się doskonałym mówcą i rozmówcą*, Warszawa 2009.

Carnegie D., Crom M., Crom J.O., *Szkoła biznesu. O pozyskiwaniu klientów na zawsze*, Waszrszawa 2003

Cialdini R., *Wywieranie wpływu na ludzi*, Gdańsk 1998.

Clegg B., *Przyspieszony kurs rozwoju osobistego*, Warszawa 2002.

Cofer C.N., Appley M.H., *Motywacja: teoria i badania*, Warszawa 1972.

Cohen H., *Wszystko możesz wynegocjować. Jak osiągnąć to, co chcesz*, Warszawa 1997. r Covey S.R., 3. rozwiązanie, Poznań 2012.

Covey S.R., *7 nawyków skutecznego działania*, Poznań 2007.

Covey S.R., *8. nawyk*, Poznań 2006.

Covey S.R., Merrill A.R., Merrill R.R., *Najpierw rzeczy najważniejsze*, Warszawa 2007.

Craig M., *50 najlepszych (i najgorszych) interesów w historii biznesu*, Warszawa 2002.

Csikszentmihalyi M., *Przepływ: psychologia optymalnego doświadczenia*, Wrocław 2005

Davis R.C., Lindsmith B., *Ludzie renesansu: umysły, które ukształtowały erę nowożytną*, Poznań 2012

Davis R.D., Braun E.M., *Dar dysleksji. Dlaczego niektórzy zdolni ludzie nie umieją czytać i jak mogą się nauczyć*, Poznań 2001.

Dearlove D., *Biznes w stylu Richarda Bransona. 10 tajemnic twórcy megamarki*, Gdańsk 2009.

DeVos D., *Podstawy wolności. Wartości decydujące o sukcesie jednostek i społeczeństw*, Konstancin-Jeziorna 1998.

DeVos R.M., Conn Ch.P., *Uwierz! Credo człowieka czynu, współzałożyciela Amway Corporation, hołdującego zasadom, które uczyniły Amerykę wielką*, Warszawa 1994.

Dixit A.K., Nalebuff B.J., *Myślenie strategiczne. Jak zapewnić sobie przewagę w biznesie, polityce i życiu prywatnym*, Gliwice 2009.

Dixit A.K., Nalebuff B.J., *Sztuka strategii. Teoria gier w biznesie i życiu prywatnym*, Warszawa 2009.

Dobson J., *Jak budować poczucie wartości w swoim dziecku*, Lublin 1993.

Doskonalenie strategii (seria *Harvard Bussines Review*), praca zbiorowa, Gliwice 2006.

Dryden G., Vos J., *Rewolucja w uczeniu*, Poznań 2000.

Dyer W.W., *Kieruj swoim życiem*, Warszawa 2012.

Dyer W.W., *Pokochaj siebie*, Warszawa 2008.

Edelman R.C., Hiltabiddle T.R., Manz Ch.C., *Syndrom miłego człowieka*, Gliwice 2010.

Eichelberger W., Forthomme P., Nail F., *Quest. Twoja droga do sukcesu. Nie ma prostych recept na sukces, ale są recepty skuteczne*, Warszawa 2008.

Enkelmann N.B., *Biznes i motywacja*, Łódź 1997.

Eysenck H. i M., *Podpatrywanie umysłu. Dlaczego ludzie zachowują się tak, jak się zachowują?*, Gdańsk 1996.

Ferriss T., *4-godzinny tydzień pracy. Nie bądź płatnym niewolnikiem od 7.00 do 17.00*, Warszawa 2009.

Flexner J.T., Waschington. *Człowiek niezastąpiony*, Warszawa 1990.

Forward S., Frazier D., *Szantaż emocjonalny: jak obronić się przed manipulacją i wykorzystaniem*, Gdańsk 2011.

47

Frankl V.E., *Człowiek w poszukiwaniu sensu*, Warszawa 2009.

Fraser J.F., *Jak Ameryka pracuje*, Przemyśl 1910.

Freud Z., *Wstęp do psychoanalizy*, Warszawa 1994.

Fromm E., *Mieć czy być*, Poznań 2009.

Fromm E., *Niech się stanie człowiek. Z psychologii etyki*, Warszawa 2005.

Fromm E., *O sztuce miłości*, Poznań 2002.

Fromm E., *O sztuce słuchania. Terapeutyczne aspekty psychoanalizy*, Warszawa 2002.

Fromm E., *Serce człowieka. Jego niezwykła zdolność do dobra i zła*, Warszawa 2000.

Fromm E., *Ucieczka od wolności*, Warszawa 2001.

Fromm E., *Zerwać okowy iluzji*, Poznań 2000.

Galloway D., *Sztuka samodyscypliny*, Warszawa 1997.

Gardner H., *Inteligencje wielorakie – teoria w praktyce*, Poznań 2002.

Gawande A., *Potęga checklisty: jak opanować chaos i zyskać swobodę w działaniu*, Kraków 2012.

Gelb M.J., *Leonardo da Vinci odkodowany*, Poznań 2005.

Gelb M.J., Miller Caldicott S., *Myśleć jak Edison*, Poznań 2010.

Gelb M.J., *Myśleć jak geniusz*, Poznań 2004.

Gelb M.J., *Myśleć jak Leonardo da Vinci*, Poznań 2001.

Giblin L., *Umiejętność postępowania z innymi...*, Kraków 1993.

Girard J., Casemore R., *Pokonać drogę na szczyt*, Warszawa 1996.

Glass L., *Toksyczni ludzie*, Poznań 1998.

Godlewska M., *Jak pokonałam raka*, Białystok 2011.

Godwin M., *Kim jestem? 101 dróg do odkrycia siebie*, Warszawa 2001.

Goleman D., *Inteligencja emocjonalna*, Poznań 2002.

Gordon T., *Wychowywanie bez porażek szefów, liderów, przywódców*, Warszawa 1996.

Gorman T., *Droga do skutecznych działań. Motywacja*, Gliwice 2009.

Gorman T., *Droga do wzrostu zysków. Innowacja*, Gliwice 2009.

Greenberg H., Sweeney P., *Jak odnieść sukces i rozwinąć swój potencjał*, Warszawa 2007.

Habeler P., Steinbach K., *Celem jest szczyt*, Warszawa 2011.

Hamel G., Prahalad C.K., *Przewaga konkurencyjna jutra*, Warszawa 1999.

Hamlin S., *Jak mówić, żeby nas słuchali*, Poznań 2008.

Hill N., *Klucze do sukcesu*, Warszawa 1998.

Hill N., *Magiczna drabina do sukcesu*, Warszawa 2007.

Hill N., *Myśl!... i bogać się. Podręcznik człowieka interesu*, Warszawa 2012.

Hill N., *Początek wielkiej kariery*, Gliwice 2009.

Ingram D.B., Parks J.A., *Etyka dla żółtodziobów, czyli wszystko, co powinieneś wiedzieć o...*, Poznań 2003.

Jagiełło J., Zuziak W. [red.], *Człowiek wobec wartości*, Kraków 2006.

James W., *Pragmatyzm*, Warszawa 2009.

Jamruszkiewicz J., *Kurs szybkiego czytania*, Chorzów 2002.

Johnson S., *Tak czy nie. Jak podejmować dobre decyzje*, Konstancin-Jeziorna 1995.

Jones Ch., *Życie jest fascynujące*, Konstancin-Jeziorna 1993.

Kanter R.M., *Wiara w siebie. Jak zaczynają się i kończą dobre i złe passy*, Warszawa 2006.

Keller H., *Historia mojego życia*, Warszawa 1978.

Kirschner J., *Zwycięstwo bez walki. Strategie przeciw agresji*, Gliwice 2008.

Koch R., *Zasada 80/20. Lepsze efekty mniejszym nakładem sił i środków*, Konstancin--Jeziorna 1998.

Kopmeyer M.R., *Praktyczne metody osiągania sukcesu*, Warszawa 1994.

Ksenofont, *Cyrus Wielki. Sztuka zwyciężania*, Warszawa 2008.

Kuba A., Hausman J., *Dzieje samochodu*, Warszawa 1973.

Kumaniecki K., *Historia kultury starożytnej Grecji i Rzymu*, Warszawa 1964.

Lamont G., *Jak podnieść pewność siebie*, Łódź 2008.

Leigh A., Maynard M., *Lider doskonały*, Poznań 1999.

Littauer F., *Osobowość plus*, Warszawa 2007.

Loreau D., *Sztuka prostoty*, Warszawa 2009.

Lott L., Intner R., Mendenhall B., *Autoterapia dla każdego. Spróbuj w osiem tygodni zmienić swoje życie*, Warszawa 2006.

Maige Ch., Muller J.-L., *Walka z czasem. Atut strategiczny przedsiębiorstwa*, Warszawa 1995.

Mansfield P., *Jak być asertywnym*, Poznań 1994.

Martin R., *Niepokorny umysł. Poznaj klucz do myślenia zintegrowanego*, Gliwice 2009.

Maslow A., *Motywacja i osobowość*, Warszawa 2009.

Matusewicz Cz., *Wprowadzenie do psychologii*, Warszawa 2011.

Maxwell J.C., *21 cech skutecznego lidera*, Warszawa 2012.

Maxwell J.C., *Tworzyć liderów, czyli jak wprowadzać innych na drogę sukcesu*, Konstancin-Jeziorna 1997.

Maxwell J.C., *Wszyscy się komunikują, niewielu potrafi się porozumieć*, Warszawa 2011.

McCormack M.H., *O zarządzaniu*, Warszawa 1998.

McElroy K., *Jak inwestować w nieruchomości. Znajdź ukryte zyski, których większość inwestorów nie dostrzega*, Osielsko 2008.

McGee P., *Pewność siebie. Jak mała zmiana może zrobić wielką różnicę*, Gliwice 2011.

McGrath H., Edwards H., *Trudne osobowości. Jak radzić sobie ze szkodliwymi zachowaniami innych oraz własnymi*, Poznań 2010.

51

Mellody P., Miller A.W., Miller J.K., *Toksyczna miłość i jak się z niej wyzwolić*, Warszawa 2013.

Melody B., *Koniec współuzależnienia*, Poznań 2002.

Miller M., *Style myślenia*, Poznań 2000.

Mingotaud F., *Sprawny kierownik. Techniki osiągania sukcesów*, Warszawa 1994.

MJ DeMarco, *Fastlane milionera*, Katowice 2012.

Morgenstern J., *Jak być doskonale zorganizowanym*, Warszawa 2000.

Nay W.R., *Związek bez gniewu. Jak przerwać błędne koło kłótni, dąsów i cichych dni*, Warszawa 2011.

Nierenberg G.I., *Ekspert. Czy nim jesteś?*, Warszawa 2001.

Ogger G., *Geniusze i spekulanci, Jak rodził się kapitalizm*, Warszawa 1993.

Osho, *Księga zrozumienia. Własna droga do wolności*, Warszawa 2009.

Parkinson C.N., *Prawo pani Parkinson*, Warszawa 1970.

Peale N.V., *Entuzjazm zmienia wszystko. Jak stać się zwycięzcą*, Warszawa 1996.

Peale N.V., *Możesz, jeśli myślisz, że możesz*, Warszawa 2005.

Peale N.V., *Rozbudź w sobie twórczy potencjał*, Warszawa 1997.

Peale N.V., *Uwierz i zwyciężaj. Jak zaufać swoim myślom i poczuć pewność siebie*, Warszawa 1999.

Pietrasiński Z., *Psychologia sprawnego myślenia*, Warszawa 1959.

Pilikowski J., *Podróż w świat etyki*, Kraków 2010.

Pink D.H., *Drive*, Warszawa 2011.

Pirożyński M., *Kształcenie charakteru*, Poznań 1999.

Pismo Święte Starego i Nowego Testamentu. Biblia Tysiąclecia, Warszawa 2002.

Pismo Święte w Przekładzie Nowego Świata, 1997.

Popielski K., *Psychologia egzystencji. Wartości w życiu*, Lublin 2009.

Poznaj swoją osobowość, Bielsko-Biała 1996.

Przemieniecki J., *Psychologia jednostki. Odkoduj szyfr do swego umysłu*, Warszawa 2008.

Pszczołowski T., *Umiejętność przekonywania i dyskusji*, Gdańsk 1998.

Reiman T., *Potęga perswazyjnej komunikacji*, Gliwice 2011.

Robbins A., *Nasza moc bez granic. Skuteczna metoda osiągania życiowych sukcesów za pomocą NLP*, Konstancin-Jeziorna 2009.

Robbins A., *Obudź w sobie olbrzyma... i miej wpływ na całe swoje życie – od zaraz*, Poznań 2002.

Robbins A., *Olbrzymie kroki*, Warszawa 2001.

Robert M., *Nowe myślenie strategiczne: czyste i proste*, Warszawa 2006.

Robinson J.W., *Imperium wolności. Historia Amway Corporation*, Warszawa 1997.

Rose C., Nicholl M.J., *Ucz się szybciej, na miarę XXI wieku*, Warszawa 2003.

Rose N., *Winston Churchill. Życie pod prąd*, Warszawa 1996.

Rychter W., *Dzieje samochodu*, Warszawa 1962.

Ryżak Z., *Zarządzanie energią kluczem do sukcesu*, Warszawa 2008.

Savater F., *Etyka dla syna*, Warszawa 1996.

Schäfer B., *Droga do finansowej wolności. Pierwszy milion w ciągu siedmiu lat*, Warszawa 2011.

Schäfer B., *Zasady zwycięzców*, Warszawa 2007.

Scherman J.R., *Jak skończyć z odwlekaniem i działać skutecznie*, Warszawa 1995.

Schuller R.H., *Ciężkie czasy przemijają, bądź silny i przetrwaj je*, Warszawa 1996.

Schwalbe B., Schwalbe H., Zander E., *Rozwijanie osobowości. Jak zostać sprzedawcą doskonałym*, tom 2, Warszawa 1994.

Schwartz D.J., *Magia myślenia kategoriami sukcesu*, Konstancin-Jeziorna 1994.

Schwartz D.J., *Magia myślenia na wielką skalę. Jak zaprząc duszę i umysł do wielkich osiągnięć*, Warszawa 2008.

Scott S.K., *Notatnik milionera. Jak zwykli ludzie mogą osiągać niezwykłe sukcesy*, Warszawa 1997.

Sedlak K. [red.], *Jak poszukiwać i zjednywać najlepszych pracowników*, Kraków 1995.

Seiwert L.J., *Jak organizować czas*, Warszawa 1998.

Seligman M.E.P., *Co możesz zmienić, a czego nie możesz*, Poznań 1995.

Seligman M.E.P., *Pełnia życia*, Poznań 2011.

Seneka, *Myśli*, Kraków 1989.

Sewell C., Brown P.B., *Klient na całe życie, czyli jak przypadkowego klienta zmienić w wiernego entuzjastę naszych usług*, Warszawa 1992.

Słownik pisarzy antycznych, Warszawa 1982.

Smith A., *Umysł*, Warszawa 1989.

Spector R., *Amazon.com. Historia przedsiębiorstwa, które stworzyło nowy model biznesu*, Warszawa 2000.

Spence G., *Jak skutecznie przekonywać... wszędzie i każdego dnia*, Poznań 2001.

Sprenger R.K., *Zaufanie # 1*, Warszawa 2011.

Staff L., *Michał Anioł*, Warszawa 1990.

Stone D.C., *Podążaj za swymi marzeniami*, Konstancin-Jeziorna 1998.

Swiet J., *Kolumb*, Warszawa 1979.

Szurawski M., *Pamięć. Trening interaktywny*, Łódź 2004.

Szyszkowska M., *W poszukiwaniu sensu życia*, Warszawa 1997.

Tatarkiewicz W., *O szczęściu*, Warszawa 1979.

Tavris C., Aronson E., *Błądzą wszyscy (ale nie ja)*, Sopot-Warszawa 2008.

Tracy B., *Milionerzy z wyboru. 21 tajemnic sukcesu*, Warszawa 2002.

Tracy B., *Plan lotu. Prawdziwy sekret sukcesu*, Warszawa 2008.

Tracy B., Scheelen F.M., *Osobowość lidera*, Warszawa 2001.

Tracy B., *Sztuka zatrudniania najlepszych. 21 praktycznych i sprawdzonych technik do wykorzystania od zaraz*, Warszawa 2006.

Tracy B., *Turbostrategia. 21 skutecznych sposobów na przekształcenie firmy i szybkie zwiększenie zysków*, Warszawa 2004.

Tracy B., *Zarabiaj więcej i awansuj szybciej. 21 sposobów na przyspieszenie kariery*, Warszawa 2007.

Tracy B., *Zarządzanie czasem*, Warszawa 2008.

Tracy B., *Zjedz tę żabę. 21 metod podnoszenia wydajności w pracy i zwalczania skłonności do zwlekania*, Warszawa 2005.

Twentier J.D., *Sztuka chwalenia ludzi*, Warszawa 1998.

Urban H., *Moc pozytywnych słów*, Warszawa 2012.

Ury W., *Odchodząc od nie. Negocjowanie od konfrontacji do kooperacji*, Warszawa 2000.

Vitale J., Klucz do sekretu. *Przyciągnij do siebie wszystko, czego pragniesz*, Gliwice 2009.

Waitley D., *Być najlepszym*, Warszawa 1998.

Waitley D., *Imperium umysłu*, Konstancin-Jeziorna 1997.

Waitley D., *Podwójne zwycięstwo*, Warszawa 1996.

Waitley D., *Sukces zależy od właściwego momentu*, Warszawa 1997.

Waitley D., Tucker R.B., *Gra o sukces. Jak zwyciężać w twórczej rywalizacji*, Warszawa 1996.

Walton S., Huey J., *Sam Walton. Made in America*, Warszawa 1994.

Waterhouse J., Minors D., Waterhouse M., *Twój zegar biologiczny. Jak żyć z nim w zgodzie*, Warszawa 1993.

Wegscheider-Cruse S., *Poczucie własnej wartości. Jak pokochać siebie*, Gdańsk 2007.

Wilson P., *Idealna równowaga. Jak znaleźć czas i sposób na pełnię życia*, Warszawa 2010.

Ziglar Z., *Do zobaczenia na szczycie*, Warszawa 1995.

Ziglar Z., *Droga na szczyt*, Konstancin-Jeziorna 1995.

Ziglar Z., *Ponad szczytem*, Warszawa 1995.

O autorze

Andrzej Moszczyński od 30 lat aktywnie zajmuje się działalnością biznesową. Jego główną kompetencją jest tworzenie skutecznych strategii dla konkretnych obszarów biznesu.

W latach 90. zdobywał doświadczenie w branży reklamowej – był prezesem i założycielem dwóch spółek z o.o. Zatrudniał w nich ponad 40 osób. Spółki te były liderami w swoich branżach, głównie w reklamie zewnętrznej – tranzytowej (reklamy na tramwajach, autobusach i samochodach). W 2001 r. przejęciem pakietów kontrolnych w tych spółkach zainteresowały się dwie firmy: amerykańska spółka giełdowa działająca w ponad 30 krajach, skupiająca się na reklamie radiowej i reklamie zewnętrznej oraz największy w Europie fundusz inwestycyjny. W 2003 r. Andrzej sprzedał udziały w tych spółkach inwestorom strategicznym.

W latach 2005-2015 był prezesem i założycielem spółki, która zajmowała się kompleksową komercjalizacją liderów rynku deweloperskiego (firma w sumie sprzedała ponad 1000 mieszkań oraz 350 apartamentów hotelowych w systemie condo).

W latach 2009-2018 był akcjonariuszem strategicznym oraz przewodniczącym rady nadzorczej fabryki urządzeń okrętowych Expom SA. Spółka ta zasięgiem działania obejmuje cały świat, dostarczając urządzenia (w tym dźwigi i żurawie) dla branży morskiej. W 2018 r. sprzedał pakiet swoich akcji inwestorowi branżowemu.

W 2014 r. utworzył w USA spółkę LLC, która działa w branży wydawniczej. W ciągu 14 lat (poczynając od 2005 r.) napisał w sumie 22 kieszonkowe poradniki z dziedziny rozwoju kompetencji miękkich – obszaru, który ma między innymi znaczenie strategiczne dla budowania wartości niematerialnych i prawnych przedsiębiorstw. Poradniki napisane przez Andrzeja koncentrują się na przekazaniu wiedzy o wartościach i rozwoju osobowości – czynnikach odpowiedzialnych za prowadzenie dobrego życia, bycie spełnionym i szczęśliwym.

Andrzej zdobywał wiedzę z dziedziny budowania wartości firm oraz tworzenia skutecznych strategii przy udziale następujących instytucji: Ernst & Young, Gallup Institute, PricewaterhauseCoopers (PwC) oraz Harward Business Review. Jego kompetencje można przyrównać do pracy **stroiciela instrumentu.**

Kiedy miał 7 lat, mama zabrała go do szkoły muzycznej, aby sprawdzić, czy ma talent. Przeszedł test pozytywnie – okazało się, że może rozpocząć edukację muzyczną. Z różnych powodów to nie nastąpiło. Często jednak w jego książkach czy wykładach można usłyszeć bądź przeczytać przykłady związane ze światem muzyki.

Dlaczego można przyrównać jego kompetencje do pracy stroiciela na przykład fortepianu? Stroiciel udoskonala fortepian, aby jego dźwięk był idealny. Każdy fortepian ma swój określony potencjał mierzony jakością dźwięku – dźwięku, który urzeka i wprowadza ludzi w stan relaksu, a może nawet pozytywnego ukojenia. Podobnie jak stroiciel Andrzej udoskonala różne procesy – szczególnie te, które dotyczą relacji z innymi ludźmi. Wierzy, że ludzie posiadają mechanizm psychologiczny, który można symbolicznie przyrównać do **mentalnego żyroskopu** czy **mentalnego noktowizora**. Rola Andrzeja polega na naprawieniu bądź wprowadzeniu w ruch tych „urządzeń".

Żyroskop jest urządzeniem, które niezależnie od komplikacji pokazuje określony kierunek. Tego typu urządzenie wykorzystywane jest na statkach i w samolotach. Andrzej jest przekonany, że rozwijanie **koncentracji i wyobraźni** prowadzi do włączenia naszego mentalnego żyroskopu. Dzięki temu możemy między innymi znajdować skuteczne rozwiązania skomplikowanych wyzwań.

Noktowizor to wyjątkowe urządzenie, które umożliwia widzenie w ciemności. Jest wykorzystywane przez wojsko, służby wywiadowcze czy myśliwych. Życie Andrzeja ukierunkowane jest na badanie tematu źródeł wewnętrznej motywacji – siły skłaniającej do działania, do przejawiania inicjatywy, do podejmowania wyzwań, do wchodzenia w obszary zupełnie nieznane. Andrzej ma przekonanie, że rozwijanie **poczucia własnej wartości** prowadzi do włączenia naszego mentalnego noktowizora. Bez optymalnego poczucia własnej wartości życie jest ciężarem.

W swojej pracy Andrzej koncentruje się na procesach podnoszących jakość następujących obszarów: właściwe interpretowanie zdarzeń, wyciąganie wniosków z analizy porażek oraz sukcesów, formułowanie właściwych pytań, a także korzystanie z wyobraźni w taki sposób, aby przewidywać swoją przyszłość, co łączy się bezpośrednio z umiejętnością strategicznego myślenia. Umiejętności te pomagają rozumieć mechanizmy wywierania wpływu przez inne osoby i umożliwiają niepoddawanie się wszechobecnej indoktrynacji. Kiedy mentalny noktowizor działa poprawnie, przekazuje w odpowiednim czasie sygnały ostrzegające, że ktoś posługuje się manipulacją, aby osiągnąć swoje cele.

Andrzej posiada również doświadczenie jako prelegent, co związane jest z jego zaangażowaniem w działania społeczne. W ostatnich 30 latach był zapraszany do udziału w różnych szkoleniach i seminariach, zgromadzeniach czy kongresach – w sumie jako mówca wystąpił ponad 700 razy. Jego przemówienia i wykłady znane są z inspirujących przykładów i zachęcających pytań, które mobilizują słuchaczy do działania.

Opinie o książce

Małe dziecko przychodzi na świat bez instrukcji obsługi, o czym boleśnie przekonują się kolejne pokolenia młodych rodziców. A jednak mimo tej pozornej przeszkody ludzkość była i jest w stanie poradzić sobie z tym wyzwaniem. Jak? Młodzi rodzice szybko uczą się – głównie metodą prób i błędów – jak zaspokajać potrzeby swojego dziecka. Rodzicielstwo to ciekawa mieszanka zaufania do własnej intuicji, pomocy bliskich i odwołania do wiedzy ekspertów. To nie stały zestaw umiejętności, które ujawniają się w chwili narodzin dziecka, lecz raczej proces nabywania nowych umiejętności dostosowanych do potrzeb i rozwoju własnych pociech.

Nie inaczej jest w przypadku rozpoznania swoich talentów i wykorzystania ich w codziennym życiu. Nie są to zdolności, jakie nabywa się po przeczytaniu jednej książki lub uczestniczeniu w weekendowych warsztatach, lecz raczej droga, na którą się wchodzi świadomie i którą podąża przez resztę życia. Wybierając się w podróż, zwykle pakujemy ze sobą przewodnik i mapę, dlatego też podczas podróży do własnego wnętrza także warto sięgnąć po jakiś przewodnik. Seria książek autorstwa Andrzeja Moszczyńskiego jest właśnie takim przewodnikiem, zawierającym cenne podpowiedzi oraz techniki odkrywania i wykorzystywania swoich talentów. Autor nie stawia się w pozycji eksperta wiedzącego lepiej, co jest dla nas dobre, lecz raczej doradcy odwołującego się szeroko do filozofii, literatury, współczesnych technik doskonalenia osobowości i własnych doświadczeń. Zdecydowanymi mocnymi stronami tej serii są przykłady z życia ilustrujące prezentowane zagadnienia oraz bogata bibliografia służąca jako punkt do dalszych poszukiwań dla wszystkich zainteresowanych doskonaleniem osobowości. Uważam, że seria ta będzie pomocna dla każdego zainteresowanego świadomym życiem i rozwojem osobistym.

Ania Bogacka
Editorial Consultant and Life Coach

* * *

Na rynku książek wybór poradników jest ogromny, ale wśród tego ogromu istnieją jasne punkty, w oparciu o które można kierować swoim życiem tak, by osiągnąć spełnienie. Samorealizacja jest osiągana poprzez mądrość i świadomość. To samo sprawia, że książki Andrzeja Moszczyńskiego są tak użyteczne i podnoszące na duchu. Dzielenie się mądrością w formie przykładów wielu historycznych postaci oświetla drogę w tej kluczowej podróży. Każda z książek Andrzeja jest kompletna sama w sobie, jednak wszystkie razem stanowią zestaw narzędzi, przy pomocy których każdy z nas może ulepszyć umysł i serce, aby ostatecznie przyjąć proaktywną i współczującą postawę wobec życia. Jako osoba, która badała i edytowała wiele tekstów z filozofii i duchowości, mogę z entuzjazmem polecić tę książkę.

Lawrence E. Payne

Dodatek

Cytaty, które pomagały autorowi napisać tę książkę

Na temat rozwoju

Przeznaczeniem człowieka jest jego charakter.

Heraklit z Efezu

Osobowość kształtuje się nie poprzez piękne słowa, lecz pracą i własnym wysiłkiem.

Albert Einstein

Na temat nastawienia do życia

Jeśli jesteś nieszczęśliwy, to dlatego, że cały czas myślisz raczej o tym, czego nie masz, zamiast koncentrować się na tym, co masz w danej chwili.

Anthony de Mello

W końcu, bracia, wszystko, co jest prawdziwe, co godne, co sprawiedliwe, co czyste, co miłe, co zasługuje na uznanie: jeśli jest jakąś cnotą i czynem chwalebnym – to miejcie na myśli.

List do Filipian 4:8

Na temat szczęścia

Ludzie są na tyle szczęśliwi, na ile sobie pozwolą nimi być.

Abraham Lincoln

Więcej szczęścia jest w dawaniu aniżeli w braniu.

Dz 20:35

Na temat poczucia własnej wartości

Bez Twojego pozwolenia nikt nie może sprawić, że poczujesz się gorszy.

Eleanor Roosevelt

Na temat możliwości człowieka

Nie ma rzeczy niemożliwych, są tylko te trudniejsze do wykonania.

Henry Ford

Gdybyśmy robili wszystkie rzeczy, które jesteśmy w stanie zrobić, wprawilibyśmy się w ogromne zdumienie.

Thomas Edison

Na temat poznawania siebie

Najpierw sami tworzymy własne nawyki, potem nawyki tworzą nas.

John Dryden

Na temat wiary w siebie

Człowiek, który zyska i zachowa władzę nad sobą, dokona rzeczy największych i najtrudniejszych.

Johann Wolfgang von Goethe

Ludzie potrafią, gdy sądzą, że potrafią.

Wergiliusz

Na temat wnikliwości

Prawdę należy mówić tylko temu, kto chce jej słuchać.

Seneka Starszy

Język mądrych jest lekarstwem.

Księga Przysłów 12:18

Na temat wytrwałości

Nic na świecie nie zastąpi wytrwałości. Nie zastąpi jej talent – nie ma nic powszechniejszego niż ludzie utalentowani, którzy nie odnoszą sukcesów. Nie uczyni niczego sam geniusz – nienagradzany geniusz to już prawie przysłowie. Nie uczyni niczego też samo wykształcenie – świat jest pełen ludzi wykształconych, o których zapomniano. Tylko wytrwałość i determinacja są wszechmocne.

John Calvin Coolidge

Możemy zrealizować każde zamierzenie, jeśli potrafimy trwać w nim wystarczająco długo.

Helen Keller

Tak samo, jak pojedynczy krok nie tworzy ścieżki na ziemi, tak pojedyncza myśl nie stworzy ścieżki w Twoim umyśle. Prawdziwa ścieżka powstaje, gdy chodzimy po niej wielokrotnie. Aby stworzyć głęboką ścieżkę mentalną, potrzebne jest wielokrotne powtarzanie myśli, które mają zdominować nasze życie.

Napoleon Bonaparte

Na temat entuzjazmu

Tylko przykład jest zaraźliwy.

Lope de Vega

Na temat odwagi

Życie albo jest śmiałą przygodą, albo nie jest życiem. Nie lękać się zmian, a w obliczu kapryśności losu zachowywać hart ducha – oto siła nie do pokonania.

Helen Keller

Silny jest ten, kto potrafi przezwyciężyć swe szkodliwe przyzwyczajenia.

Benjamin Franklin

Życie jest przygodą dla odważnych albo niczym.

Helen Keller

75

Na temat realizmu

Kto z was, chcąc zbudować wieżę, nie usiądzie wpierw i nie obliczy wydatków, czy ma na jej wykończenie.

Ew. Łukasza 14:28

Pesymista szuka przeciwności w każdej okazji, optymista widzi okazje w każdej przeciwności.

Winston Churchill

Dajcie mi odpowiednio długą dźwignię i wystarczająco mocną podporę, a sam poruszę cały glob.

Archimedes

OFERTA WYDAWNICZA
Andrew Moszczynski Group sp. z o.o.

Andrzej Moszczyński

Inaczej
o wartościach

INSPIRUJĄCY PORADNIK

Andrzej Moszczyński

Inaczej
o pozytywnym
myśleniu

INSPIRUJĄCY PORADNIK

Andrzej Moszczyński

Inaczej
o inicjatywie

INSPIRUJĄCY PORADNIK

Andrzej Moszczyński

Inaczej
o miłości

INSPIRUJĄCY PORADNIK

Andrzej Moszczyński

Inaczej
o motywacji

INSPIRUJĄCY PORADNIK

Andrzej Moszczyński

Inaczej
o podejmowaniu
decyzji

INSPIRUJĄCY PORADNIK

Andrzej Moszczyński

Inaczej
o byciu
realistą

INSPIRUJĄCY PORADNIK

Andrzej Moszczyński

Inaczej
o priorytetach

INSPIRUJĄCY PORADNIK

Andrzej Moszczyński

Inaczej
o byciu
wnikliwym

INSPIRUJĄCY PORADNIK

Andrzej Moszczyński

Inaczej
o byciu
asertywnym

INSPIRUJĄCY PORADNIK

Andrzej Moszczyński

Inaczej
o wierze
w siebie

INSPIRUJĄCY PORADNIK

Andrzej Moszczyński

Inaczej
o umiejętności
wyznaczania
i osiągania celów

INSPIRUJĄCY PORADNIK

Andrzej Moszczyński

Inaczej
o zaufaniu

INSPIRUJĄCY PORADNIK

Andrzej Moszczyński

Inaczej
o planowaniu

INSPIRUJĄCY PORADNIK

Andrzej Moszczyński

Inaczej
o byciu
odważnym

INSPIRUJĄCY PORADNIK

Andrzej Moszczyński

Inaczej
o byciu
wytrwałym

INSPIRUJĄCY PORADNIK

Andrzej Moszczyński

Inaczej
o uczeniu się

INSPIRUJĄCY PORADNIK

Andrzej Moszczyński

Inaczej
o entuzjazmie

INSPIRUJĄCY PORADNIK

Lightning Source UK Ltd.
Milton Keynes UK
UKHW010722120821
388748UK00002B/410